# 생체 모방

## 자연에서 온 위대한 발명

# 생체 모방
## 자연에서 온 위대한 발명

세라핀 므뉘 글
엠마뉴엘 워커 그림
박나리 옮김

이 책의 한국어판 저작권은 오렌지 에이전시를 통해 저자와의 독점 계약으로 풀빛에 있습니다.
저작권법에 의해 한국 내에서 보호를 받는 저작물이므로 무단전재와 무단복제를 금합니다.

Le Biomimétisme
Illustrations © Emmanuelle Walker and Les Éditions de la Pastèque, Montréal 2019.
Text © Séraphine Menu and Les Éditions de la Pastèque, Montréal 2019.
All Rights Reserved.
Korean translation ©2019 by Pulbit Publishing Co.
Korean translation rights arranged with Les Éditions de la Pastèque
through Koja Agency and Orange Agency.

이 책의 한국어판 저작권은 오렌지 에이전시를 통해 저자와의 독점 계약으로 풀빛에 있습니다.
저작권법에 의해 한국 내에서 보호를 받는 저작물이므로 무단전재와 무단복제를 금합니다.

# 차례

6 대단한 자연

30 자연을 모방한 과학

42 자연을 모방한 의학

50 자연을 모방한 의류

56 자연을 모방한 건축과 디자인

68 자연과 함께 발전해요

# 대단한 자연

우리는 모두 자연에서 살아요. 자연은 풍요롭고 다양하며 끝없이 변화하지요. 오래전부터 자연을 통제하는 것이 쉽지 않았기 때문에, 옛날 사람들은 자연의 변화에 규칙이 없다고 생각했어요. 하지만 자연을 가만히 들여다보면 하나부터 열까지 치밀하게 계산되어 있어요.

자연에 있는 모든 것들은 존재하는 이유가 있어요. 모두 다 중요하지요.
모기부터 고래까지, 데이지꽃부터 바오밥 나무까지
모두 제 역할이 있고, 서로 의지해서 살아가요.
인간도 다른 생명체에 의지하지요.
이렇게 여러 존재들이 모여 자연의 균형을 이루어요.
하지만 이 균형은 쉽게 깨질 수 있으니 유지하려면 노력해야 해요.

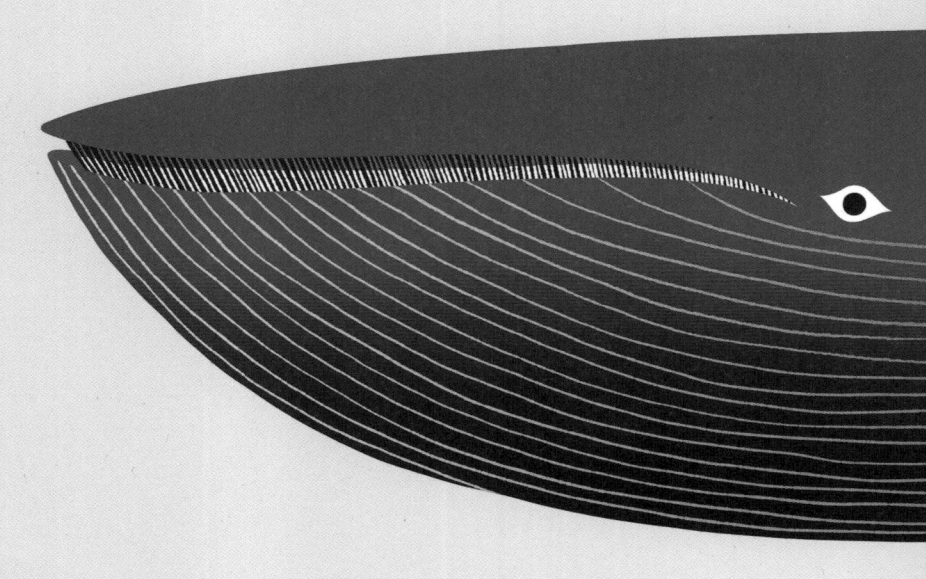

**자연이라는 거대한 기계**

개미나 꿀벌을 관찰해 보면 자연이 규칙적으로 잘 짜여
있다는 걸 깨닫게 돼요. 이렇게 수많은 생물이 모여
이뤄진 자연을 '생태계'라고 불러요. 생태계는 저마다
제 기능을 하면서도, 서로가 서로에게 의지해요.
거대한 기계처럼요. 톱니바퀴 여러 개가 각자 자리에서
일하면서 다른 톱니들과 정확히 맞물리며
돌아가는 기계 말이에요.

## 자연 속 우리

인간도 자연이라는 거대한 기계의 일부예요.
지구에 도움을 줄 때도 있지만 때로는 아주 위협적인
존재가 되기도 하지요. 우리가 자연과 조화롭게 지낸다면,
지구에서 평화롭게 살 수 있을 거예요.

반대로 자원을 마구 쓰고 지구를 함부로 다룬다면, 생명이 살기 좋은 지구는
점점 황폐해질 거예요. 열대 우림이나 커다란 호수처럼 균형이 깨지기 쉬운
연약한 생태계가 오랫동안 위험에 처하면 이 아름다운 지구는 균형이 깨지겠지요.
뿐만 아니라 인간의 삶 역시 위험해질 거예요.

다행히 지구에는 아직 자원이 많이 남아 있고,
인간은 오래전부터 변화에 적응하는 법을 배웠어요.
늘 새로 배우고 변화하며 세상을 발전시키지요.

인간은 자연을 본떠 새로운 것을 발명하기도 해요.
이렇게 자연의 모습이나 기능을 따라 하는 방식을
'생체 모방'이라고 하지요.

### 생체 모방

'생체 모방(biomimetics 바이오미메틱스)'이라는 말은 '생명'을 뜻하는 그리스어 비오(bio)와 '모방'을 뜻하는 그리스어 미메시스(mimesis)를 합쳐서 만들었어요. 1997년 미국 과학자 재닌 베니어스가 펴낸 책 덕분에 세상에 알려졌어요. 자연을 모방해서 성공한 발명의 사례를 소개하는 책이었지요. 이후 생체 모방은 자연과 생물을 연구하여 그 방식과 아이디어를 우리 생활에 적용하는 학문으로 자리 잡았어요.

## 생체 모방의 예

'생체 모방'이라는 단어는 최근에 만들어졌지만,
인간은 오래전부터 자연을 모방했어요.
그리고 예술과 과학에 활용했지요.

고대 그리스인은 하늘에 뜬 해의 움직임을 보며
시간을 재는 방법을 알아냈어요. 이 방법으로 해시계를 만들었지요.
해시계는 인간이 만든 최초의 시계예요.

르네상스 시대에 레오나르도 다 빈치는 새를 보고 '날개치기 비행기' 설계도를 그렸어요. 날개치기 비행기란 사람이 타는 비행기로, 한 쌍의 날개가 달려 있어요. 그 날개로 하늘을 날지요. 비록 실제로 만들어지지는 못했지만 날개치기 비행기 역시 자연을 모방한 발명품이에요.

아이작 뉴턴이라는 과학자는 나무에 달린 사과가
떨어지는 것을 보고 놀라운 사실을 깨달았어요.
모든 물체는 서로를 잡아당긴다는 사실이지요.
뉴턴은 여기에서 단서를 얻어 만유인력의 법칙을
발견했어요.

자연을 관찰하고 이해하고 도전하는 것,
이것이 바로 생체 모방의 기본이에요!

## 자연을 모방한 과학

과학은 생체 모방이 가장 먼저 발전한 분야예요.
과학자들은 자연을 모방해서 수많은 발명품을
만들어 냈어요.

**굴과 풀**

굴을 보고 풀을 만들어 냈다는 사실을 아나요?
연체동물의 한 종류인 굴은 바위에 딱 달라붙어 사는데,
힘이 얼마나 센지 파도가 쳐도 떨어지지 않아요.
굴이 물속에서 끈적끈적한 액체를 뿜어내기 때문이지요.
여기에서 힌트를 얻어 풀이 탄생했답니다.

접착테이프 역시 자연을 모방한 제품이에요. '도마뱀붙이'라는 작은 도마뱀은 몇 시간이고 벽에 달라붙어 있는데, 과학자들은 이 동물을 오랫동안 연구해서 접착테이프를 만들었어요.

**반딧불이와 LED 전구**

'발광 다이오드'라고도 불리는 LED 전구는
장점이 많은 제품이에요. 작고, 가볍고, 다양한 색을 낼 수 있고,
에너지를 적게 소비하지요. 하지만 처음에는 그렇게 밝지 않았어요.

과학자들은 반딧불이가 빛을 내는 모습을 관찰했어요.
반딧불이의 배는 작은 마디로 갈라져 있는데,
이 마디가 빛을 지니고 있다가 내뿜어요. 과학자들은
반딧불이의 배를 모방해서 LED 전구를 더 밝게 만들었어요.

**박쥐와 레이더**

박쥐가 나는 모습을 본 적 있나요?
박쥐는 한밤중에도 엄청나게 빨리 나는데,
깜깜해도 절대 부딪히지 않아요.
과학자들은 그 이유를 오랫동안 연구한 끝에,
박쥐는 눈이 아닌 초음파로 공간을 감지한다는 사실을 알아냈어요.
박쥐를 본떠 만든 발명품이 바로 '레이더'예요.
레이더는 전자파를 내보내 물체를 탐지하지요.

**꿀벌과 플라스틱**

꿀벌이 꿀만 만드는 건 아니에요. 북유럽과 아시아에 사는
'아이비벌'이라는 꿀벌은 음식을 포장할 때 쓰는
비닐같이 투명한 플라스틱을 만들어요.
이걸로 땅속 벌집을 덮어 알을 보호한답니다.

우리가 많이 쓰는 석유로 만드는 플라스틱은 400년이 넘어야
분해되기 때문에 아주 심각한 환경 문제를 일으켜요.
과학자들은 아이비벌이 만드는 천연 플라스틱이
썩지 않는 플라스틱을 대신할 수 있을지 연구하고 있어요.

## 자연을 모방한 의학

의학은 과학의 여러 발견에 영향을 받아 발전했어요.
의학 기술이 발전되자 인간은 건강하게 오래 살 수 있게 되었지요.
자연을 모방한 의학 기술에는 어떤 것들이 있을까요?

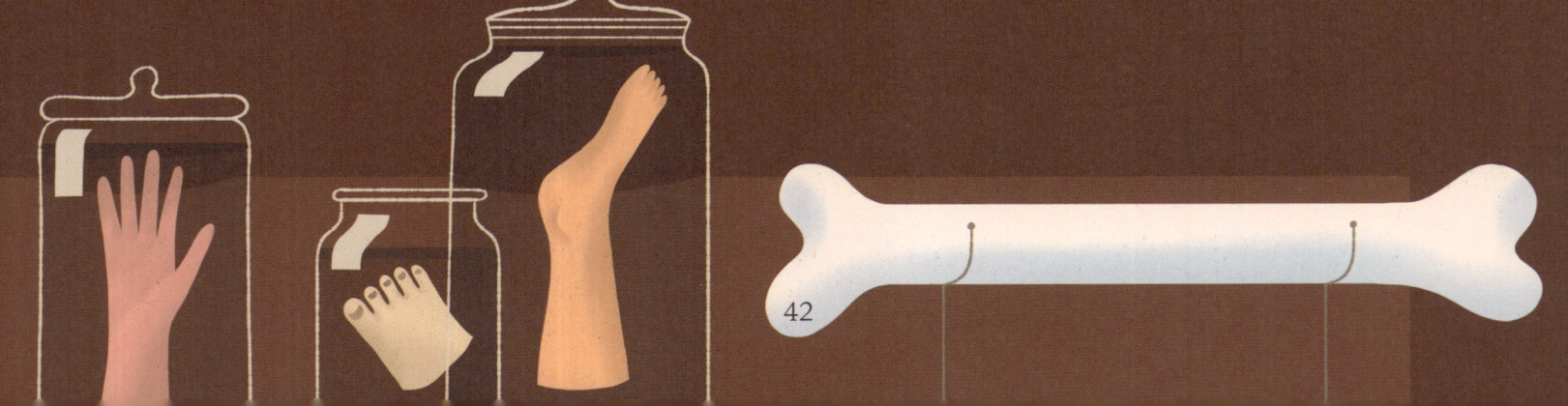

## 고래의 심장

고래의 몸속에는 피가 아주 천천히 흘러요.
심장도 1분에 서너 번밖에 뛰지 않지요.
고래는 몸에 전기 신호를 주기적으로 보내 심장이 뛰게 해요.
미국 과학자 호르헤 레이놀즈는 고래의 전기 신호를 연구해
1957년에 '페이스메이커'를 발명했어요.
페이스메이커는 건전지처럼 전기 자극을 보내
심장을 규칙적으로 뛰게 하는 의료 기기예요.

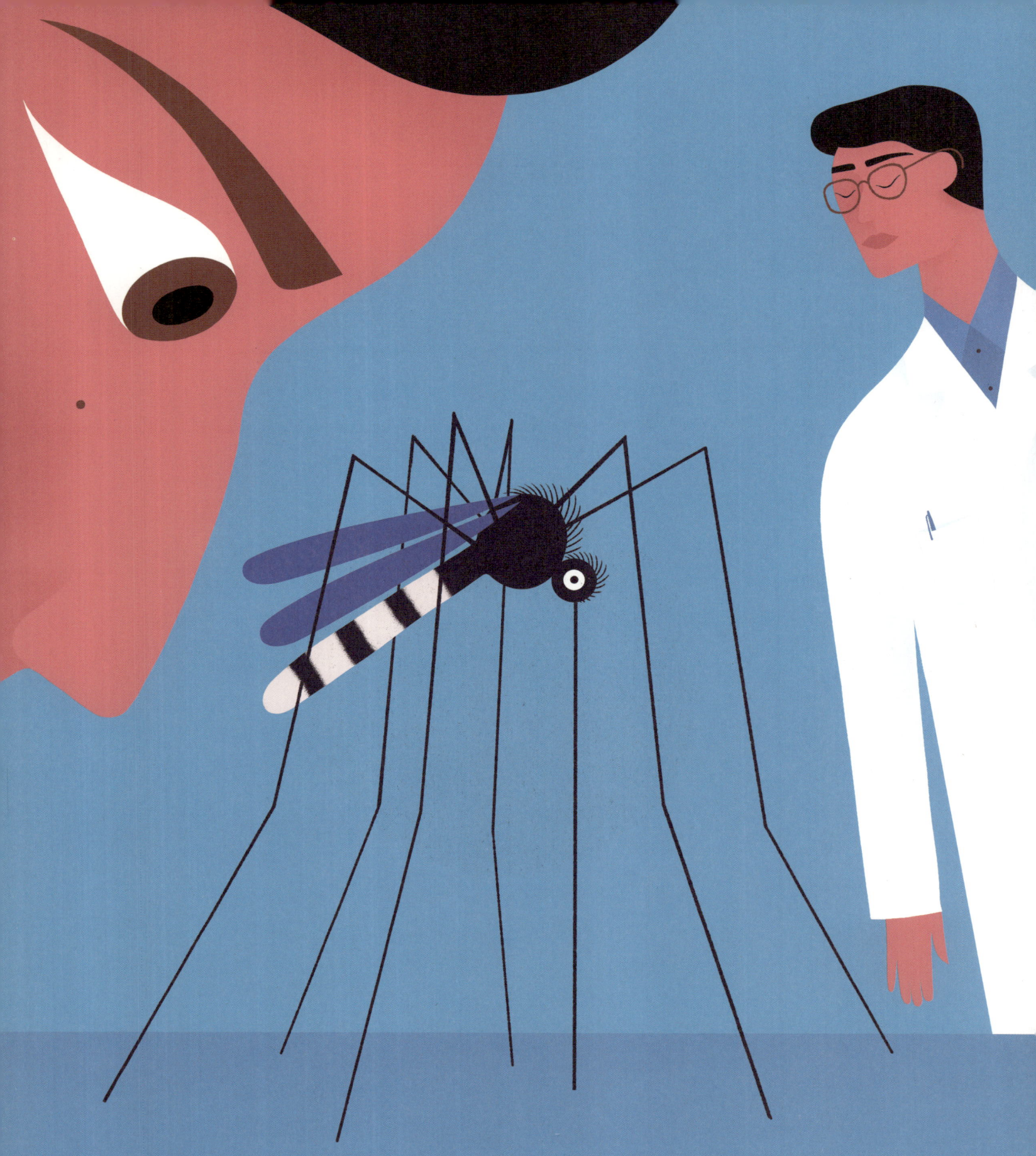

**모기 바늘**

인간은 모기 바늘에 찔릴 때 통증을 전혀 느끼지 못해요.

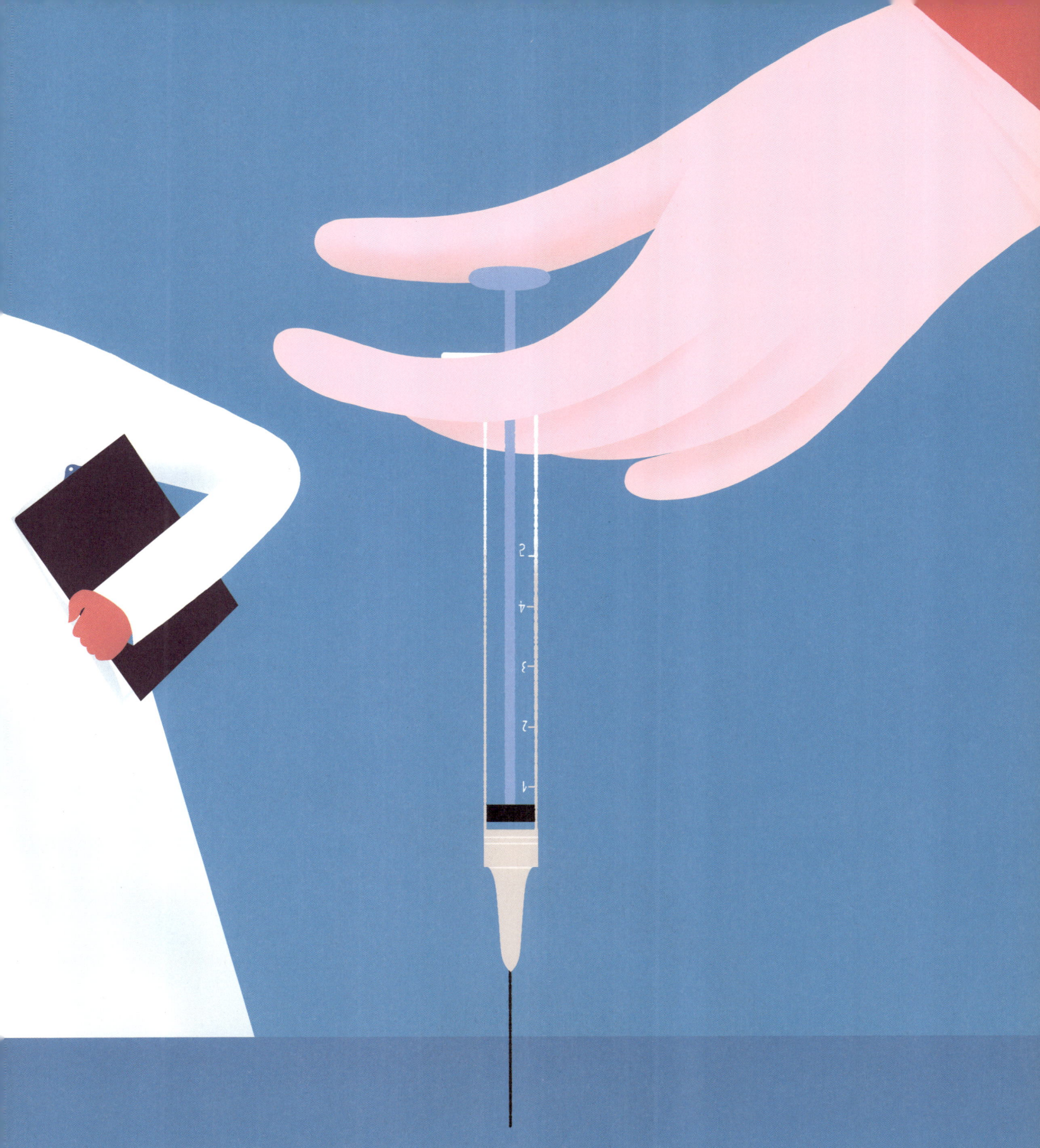

일본 의학 연구자들은 모기 바늘을 모방해 새로운 주삿바늘을
만들었어요. 모기 바늘처럼 원뿔 모양으로 가느다랗게
생긴 바늘이지요. 만약 이 주삿바늘이 널리 쓰인다면
피를 뽑거나 예방 주사를 맞을 때도 전혀 아프지 않을 거예요.

**무척추동물의 신경계**

달팽이와 민달팽이, 오징어, 작은 새우는 무척추동물이에요.
뼈도, 척추도 없는 동물이라는 뜻이지요.
무척추동물의 온몸에는 신경 세포가 퍼져 있어요.
이 세포들은 스스로 재생하고 회복하는 놀라운 능력이 있지요.

의사들은 무척추동물의 신경계를 모방해서 사람의 신경계를
치료하는 기술을 개발하고 있어요.

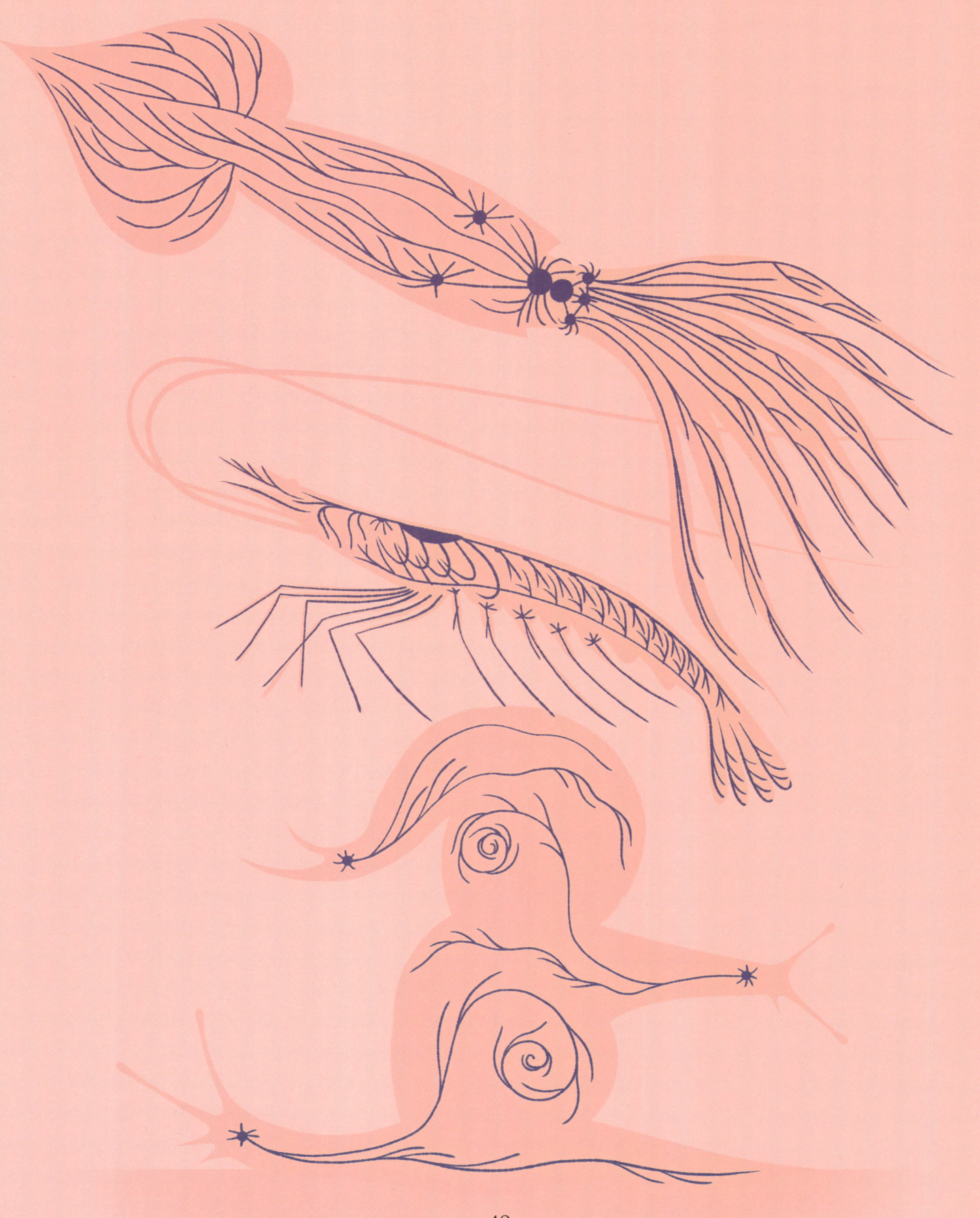

## 자연을 모방한 의류

우리가 입는 옷에도 자연을 모방한 것들이 있어요.
우리가 '찍찍이'라고 부르는 벨크로는 우엉 씨앗을 본떠 만들었어요.
우엉 씨앗에 난 작은 가시는 갈고리 모양으로 생겼는데,
동물 털이나 사람 옷에 잘 들러붙지요. 우엉 씨앗의 이런 성질을 모방해서
한쪽에는 갈고리를, 한쪽에는 올가미를 달아 벨크로를 만들었어요.
벨크로는 여러 가지 옷에 다양하게 활용된답니다.

연잎을 이용한 옷감도 있어요. 연잎 위로 비가 내리면
빗방울이 먼지를 머금은 채 이파리를 타고 흘러내려요.
덕분에 연잎은 지저분해지지 않고, 젖지도 않아요.
연잎을 모방한 발명품은 이미 여러 개 있어요.
자동으로 세척되는 창문이나 샤워 커튼 등이 있지요.
의류학자들도 연잎처럼 얼룩지지 않으면서 낡지도 않는
천을 만들려고 열심히 연구하고 있어요.

단단하고 탄력 있는 상어의 피부를 본떠 만든
수영복과 잠수복도 있어요.

세상에서 가장 질긴 소재 중 하나인 거미줄은
방탄조끼를 만드는 데 사용되기도 해요.

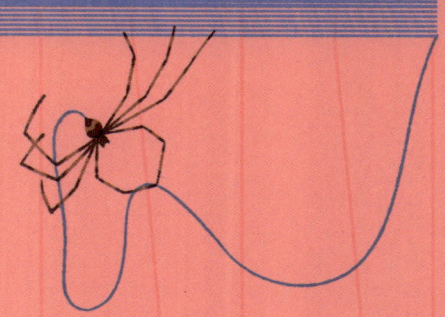

## 자연을 모방한 건축과 디자인

고대 이집트 사람들은 코끼리가 누워 있는 모양을 본떠
신전을 지었어요. 이누이트는 흰곰이 사는 굴에서 아이디어를 얻어
이글루를 만들었고요. 오늘날에도 건축가와 디자이너는 자연을 닮은
새로운 생활 공간을 만들고 있답니다.

**자연을 닮은 건축**

가우디는 사그라다 파밀리아 대성당, 구엘 공원 같은
스페인 바르셀로나의 명소를 지은 건축가예요.
가우디는 자연에서 영감을 많이 얻은 건축으로 유명해요.
가우디가 지은 건물 옆면은 물결을 닮았고, 타일로 덮인
구불구불한 벽은 뱀을 닮았으며, 창틀은 동물 뼈처럼 생겼답니다.

독일 뮌헨 올림픽 경기장은 거대한 거미줄처럼 생겼어요.
오스트레일리아 멜버른 시청 'CH2'의 앞면은
나무껍질처럼 생겼고요.

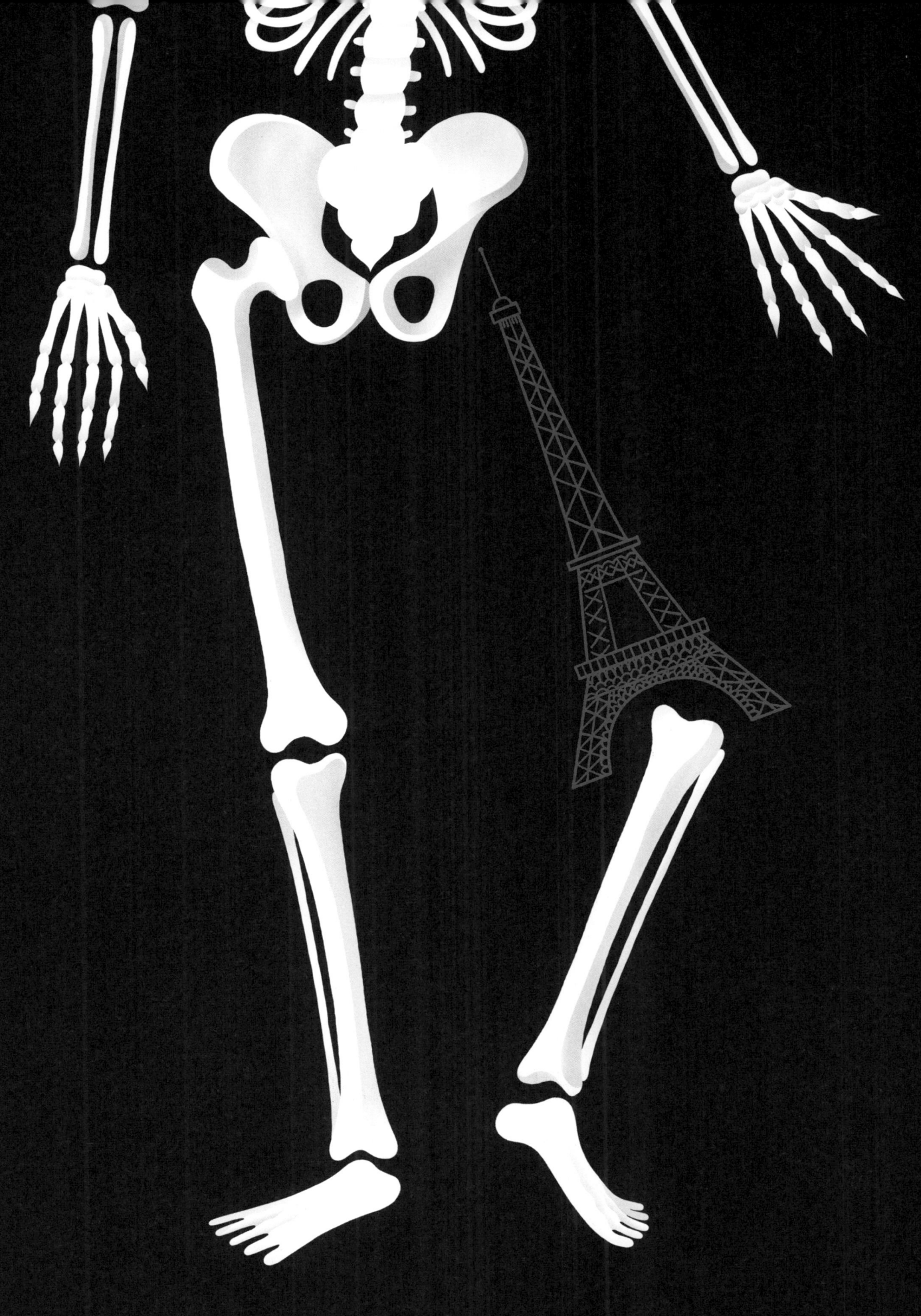

파리 에펠탑은 사람의 넓적다리뼈를 본떠서 설계했다고 해요.
넓적다리뼈는 사람 몸에서 가장 튼튼해요.

**자연을 닮은 디자인**

아프리카 짐바브웨의 하라레라는 도시에는 흰개미 집을
모방한 건물이 있어요.

작은 산처럼 생긴 흰개미 집은 온도가 일정하게 유지되어
흰개미가 살기에 좋아요. 흰개미가 사는 꼭대기는 햇빛을 받아 늘 따뜻하고,
내부는 따뜻한 공기와 차가운 공기가 순환하며 스스로 온도를 조절해요.

이런 원리를 모방해서 만든 건물이 바로 짐바브웨의
'이스트게이트 쇼핑센터'예요. 산처럼 생긴 건물 여러 개를 붙여 짓고,
그 위에 뚫은 구멍으로 공기가 통하게 만들어 실내 온도를 조절하지요.
이런 구조는 에어컨이 없어도 시원하기 때문에
에너지를 거의 쓰지 않아요.

미국 뉴멕시코의 사막 한가운데에 건축가 마이클 레이놀즈가 지은
'어스쉽'이라는 건물이 있어요. 어스쉽은 '땅에 있는 배'라는 뜻이에요.
이 건물은 절반이 땅속에 묻혀 있는데, 자연 친화적이고
에너지를 스스로 만들 수 있지요.

어스쉽은 땅의 열로 난방을 하고, 미리 모아 둔 빗물을
온실에 뿌려 여러 과일과 채소를 키워요.
어스쉽은 나무가 자라고 먹거리가 풍부한 진짜 오아시스가 되었지요.

일본 고속 열차 신칸센은 물총새 부리 모양을 본떠서 디자인했어요.
덕분에 전기를 적게 쓰면서도 속도는 다른 기차보다 훨씬 빠르지요.
신칸센은 세상에서 가장 소음이 적은 열차이기도 한데,
소리를 내지 않고 날아다니는 부엉이를 모방했기 때문이에요.

# 자연과 함께 발전해요

자연은 지속 가능한 방식으로 발전하고 있어요.
우리도 자연을 모방한다면 미래의 문제들을
해결할 수 있을 거예요.

그동안 우리는 자연을 존중하지도, 환경을 중시하지도
않았어요. 오로지 발전만을 좇았지요.
자연을 등한시했던 우리는 이제 다시 자연에서
미래를 위한 아이디어를 발견하려고 해요.
자연을 관찰하고 모방하는 활동이 많아지면
우리는 자연과 조화를 이루며 살 수 있을 거예요.

미래의 옷은 쉽게 구멍 나지 않을 테고,
물건 또한 아주 질기고 단단하며 저절로 깨끗해질 거예요.
환경을 오염시키는 플라스틱은 더는 쓰이지 않을 거고요.
우리가 사는 집은 스스로 에너지를 만들어 내고,
온도도 조절할 수 있을 거예요.
어쩌면 인간의 몸도 저절로 치유될지도 모르지요.

자연은 무한하고 또 놀라워요.
우리는 그런 자연과 더불어 살아가야 해요.

이제는 여러분이 자연을 관찰하고, 연구하고, 모방할 차례예요.
그러면 언젠가 자연과 조화를 이루면서 발전할 수 있는
위대한 아이디어가 떠오를지도 모르니까요.

### 글 세라핀 므뉘
프랑스에서 활동하는 어린이 책 작가로 전 세계의 수많은 곳을 여행하며 경험을 쌓았습니다. 여행을 하면서 문화와 자연 사이에 존재하는 깊은 유대 관계를 발견하고는, 생체 모방에 관심을 가지게 되어 이 책을 썼습니다.

### 그림 엠마뉴엘 워커
런던에서 활동하는 애니메이션 감독이자 일러스트레이터입니다. 잡지, 도서, 영화 등에 들어가는 다양한 이미지를 작업하고 있습니다.

### 옮김 박나리
연세대학교에서 불문학과 국문학을 공부하고 한국외국어대학교 통번역대학원 한불과를 졸업했습니다. 출판사에서 책을 만들다가 지금은 전문 번역가로 일하고 있습니다. 옮긴 책으로 《나는 [ ] 배웁니다》 《여기가 왜 아파요?》《지렁이가 세균 아저씨를 꿀꺽 삼키면》《밤의 과학》 등이 있습니다.

---

풀빛 지식 아이

# 생체 모방
### 자연에서 온 위대한 발명

**초판 1쇄 발행** 2019년 12월 10일 | **초판 3쇄 발행** 2023년 6월 16일
**글** 세라핀 므뉘 | **그림** 엠마뉴엘 워커 | **옮김** 박나리
**펴낸이** 홍석 | **이사** 홍성우 | **편집부장** 이정은 | **편집** 박고은·조유진 | **디자인** 권영은·김연서
**마케팅** 이송희·이민재 | **관리** 최우리·김정선·정원경·홍보람·조영행·김지혜
**펴낸곳** 도서출판 풀빛 | **등록** 1979년 3월 6일 제2021-000055호
**주소** 서울특별시 강서구 양천로 583 우림블루나인 A동 21층 2110호
**전화** 02-363-5995(영업) 02-362-8900(편집) | **팩스** 070-4275-0445
**전자우편** kids@pulbit.co.kr | **홈페이지** www.pulbit.co.kr
**블로그** pulbitbooks.blog.me | **인스타그램** instagram.com/pulbitkids

ISBN 979-11-6172-173-6  74400
      978-89-7474-082-5(세트)

이 도서의 국립중앙도서관 출판예정도서목록(CIP)은 서지정보유통지원시스템 홈페이지(http://seoji.nl.go.kr)와 국가자료공동목록시스템(http://www.nl.go.kr/kolisnet)에서 이용하실 수 있습니다. (CIP제어번호:2019044314)

* 책값은 뒤표지에 표시되어 있습니다.
* 파본이나 잘못된 책은 구입하신 곳에서 바꿔 드립니다.

**품명** 아동 도서 | **사용연령** 5세 이상 | **제조국** 대한민국 | **제조년월** 2023년 6월 16일
**제조자명** 도서출판 풀빛 | **연락처** 02-363-5995
**주소** 서울특별시 강서구 양천로 583 우림블루나인 A동 21층 2110호
**주의사항** 종이에 베이거나 긁히지 않도록 조심하세요.
　　　　　책 모서리가 날카로우니 던지거나 떨어뜨리지 마세요.
KC마크는 이 제품이 공통안전기준에 적합하였음을 의미합니다.